100

infos à connaître

CHÂTEAUX ET CHEVALIERS

100

infos à connaître

CHÂTEAUX ET CHEVALIERS

Jane Walker

Consultant : Richard Tames

Piccolia

© 2004 Miles Kelly Publishing
Tous droits réservés
© 2006 Éditions Piccolia
4, avenue de la Baltique
91946 Villebon – France
Dépôt légal : 3ème trimestre 2006
Loi n°49-956 du 16 juillet 1949
sur les publications destinées à la jeunesse.
Imprimé en Chine
Remerciements :
aux artistes qui ont contribués
à l'élaboration de ce titre

Mark Davies
Richard Berridge/ Specs Art   John James/ Temple Rogers
Vanessa Card   Janos Marffy
Nicholas Forder   Angus McBride
Mike Foster/ Maltings Partnership   Martin Sanders
Terry Gabbey/ AFA   Nik Spender
Luigi Galante/ Studio Galante   Roger Stewart
Sally Holmes   Rudi Vizi
Richard Hook/ Linden Artists   Mike White/ Temple Rogers

Sommaire

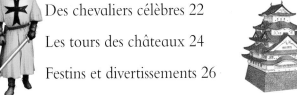

La vie du château

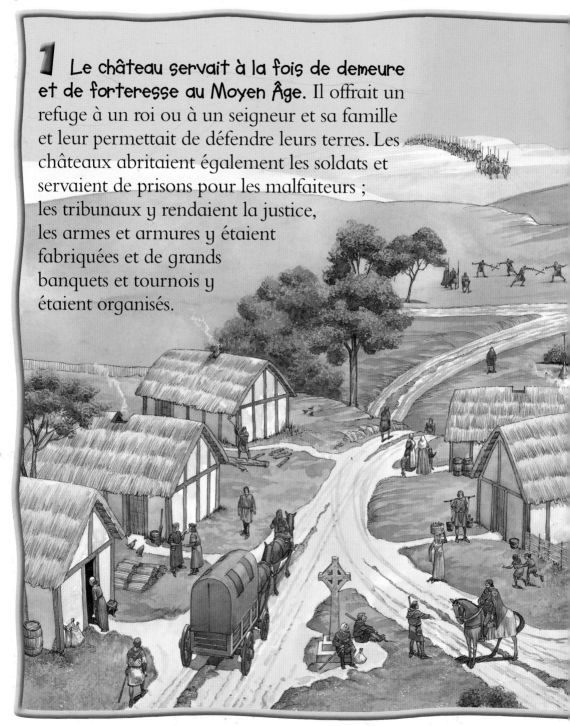

1 Le château servait à la fois de demeure et de forteresse au Moyen Âge. Il offrait un refuge à un roi ou à un seigneur et sa famille et leur permettait de défendre leurs terres. Les châteaux abritaient également les soldats et servaient de prisons pour les malfaiteurs ; les tribunaux y rendaient la justice, les armes et armures y étaient fabriquées et de grands banquets et tournois y étaient organisés.

Les premiers châteaux

2 **Les premiers châteaux étaient construits en bois en haut d'une colline.** Parfois les bâtisseurs entassaient de la terre pour former une colline artificielle, appelée motte. Une tour en bois ou donjon était dressée au sommet. Elle constituait la partie centrale du château et était la plus facile à défendre.

▼ Voici un château à motte avec sa basse-cour. Ce type de château a été introduit par les Normands de France vers le XIe siècle et est vite devenu populaire en Europe.

◀ Très tôt, les hommes ont construit des châteaux et des forts dans le monde entier. Voici la ville fortifiée de Grand Zimbabwe, devenue aujourd'hui Zimbabwe. La partie la plus ancienne date du VIIIe siècle.

▶ Au XVIe siècle, les Japonais construisaient à leur manière de solides châteaux. Ceux-ci étaient souvent constitués de plusieurs étages pour tirer sur les ennemis à des hauteurs différentes.

3

Au pied de la motte, se situait une cour appelée basse-cour. Celle-ci était habituellement entourée d'une palissade en bois. Les bâtisseurs de châteaux creusaient un fossé profond, appelé douve, tout autour de la motte et de la basse-cour. Ces douves étaient souvent remplies d'eau et visaient à empêcher les attaquants d'atteindre les murs du château.

◀ Pour une meilleure protection, une palissade en bois était souvent construite autour du sommet de la motte. L'extrémité de chaque planche était taillée en pointe pour empêcher les ennemis d'escalader la palissade.

INCROYABLE !

Les bâtisseurs de ces premiers châteaux en bois recouvraient les murs de peaux d'animaux mouillées pour les empêcher de brûler.

4

Les châteaux en bois n'étaient pas très solides et s'enflammaient très rapidement. À partir de l'an 1100 environ, on a commencé à construire des châteaux en pierre. Ceux-ci offraient une meilleure protection contre les attaques, les incendies et les intempéries.

corps de garde

mur d'enceinte intérieur

mur d'enceinte extérieur

donjon

tourelle

▶ Parfois, un mur supplémentaire était construit à l'abri du puissant mur extérieur. Les archers pouvaient se tenir sur le mur intérieur et tirer leurs flèches vers le mur extérieur lorsque les ennemis l'avaient conquis.

Construction d'un château

5 **Le meilleur endroit pour construire un château était le sommet d'une colline.** Une position surélevée offrait une bonne visibilité sur les alentours et empêchait les ennemis de lancer une attaque surprise. Quelques châteaux étaient construits sur les bords d'un fleuve ou d'un lac, dont les eaux servaient alors à remplir les douves.

6 Le seigneur et sa famille vivaient dans la partie la plus sûre du château : le donjon.

Les murs du donjon étaient très solides et mesuraient au moins 3,5 mètres d'épaisseur dans certains châteaux. L'intérieur du donjon comportait de petites réserves, des salles de garde et de vastes salles accueillant visiteurs et banquets. Les chambres de la famille du seigneur se situaient à l'étage supérieur. Toutes ces salles et défenses rendaient la construction du château longue et coûteuse.

CONSTRUIS TON PROPRE CHÂTEAU

Imagine qu'on t'ait demandé de concevoir un château pour le seigneur local. Il est essentiel qu'il puisse défendre son château et sa famille contre les attaques de ses ennemis.

Dessine le plan de ton château idéal en veillant à ce que ses défenses soient nombreuses. Et n'oublie pas le pont-levis pour que le seigneur et sa famille puissent entrer et sortir du château.

Qui fait quoi dans le château

7 Le château était la demeure d'une personne importante et puissante, comme un roi, un seigneur ou un chevalier. Le château, mais également les terres environnantes et les personnes y vivant, étaient sous le pouvoir de ce seigneur. La dame du château était chargée de l'organisation quotidienne ; elle surveillait les cuisines et donnait des ordres aux serviteurs lors des festins et des banquets.

▶ Le seigneur et la dame du château.

8 Le sénéchal était chargé de défendre le château.
C'était généralement un homme farouche et brut. Il entraînait ses soldats, organisait les rondes de garde et de guet et était responsable du château en l'absence du seigneur.

9 De nombreux serviteurs vivaient dans le château et s'occupaient du seigneur et de sa famille. Ils cuisinaient, nettoyaient, servaient à table, travaillaient comme femmes de chambre ou valets et faisaient les commissions. Un homme, appelé intendant, était responsable de tous les serviteurs.

Serviteur   Intendant   Cuisinier

10

À l'intérieur du château, de nombreux artisans disposaient d'ateliers où ils vendaient et réparaient des objets. Le forgeron du château façonnait les fers pour les chevaux et l'armurier fabriquait armes et armures.

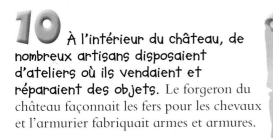

Armurier

Forgeron

INCROYABLE !

Il n'y avait pas de salle de bains pour les serviteurs. Ils devaient faire trempette dans la rivière pour se laver... et se débarrasser de leurs puces et poux.

▶ Le maréchal s'occupait des chevaux du seigneur.

11

En cas d'attaque, les villageois se réfugiaient dans le château. N'étant pas autorisés à s'abriter dans le donjon, ils restaient dans la basse-cour avec les animaux.

Des rois aux paysans

12 À l'époque médiévale, le roi et la reine étaient les personnes les plus importantes du pays. Le roi attribuait des terres à ses barons et autres nobles. En échange, ceux-ci fournissaient au roi des soldats, des chevaux et des armes en cas de guerre. Ce système d'échange s'appelle le féodalisme.

▶ L'évêque tient une réunion, appelée audience, avec le roi et la reine. Au Moyen Âge, les conflits entre l'Église et la royauté étaient nombreux. Ces deux institutions étaient puissantes et devaient essayer de collaborer.

13 L'Église était très puissante au Moyen Âge. Elle contrôlait de vastes territoires et s'enrichissait grâce aux taxes payées par les paysans qui travaillaient sur ses terres. Les fermiers devaient verser à l'Église la dîme, c'est-à-dire le dixième de tout ce qu'ils produisaient.

14 **Les barons étaient les nobles les plus puissants.** Un baron riche pouvait fournir 5 000 soldats environ au roi. Certains barons disposaient de leur propre armée pour conserver le contrôle de leurs terres.

15 **Les riches seigneurs et barons donnaient parfois des terres à des combattants professionnels appelés chevaliers.** Les chevaliers étaient des soldats entraînés, combattant à cheval.

Quiz

1. Quel est le nom du monticule de terre sur lequel était construit le château ?
2. Quelle était la partie la plus sûre et la mieux protégée du château ?
3. Que sont les douves ?
4. Qui était responsable des gardes du château ?
5. Que donnait le roi aux seigneurs en échange de leurs services ?

1. la motte 2. le donjon 3. des fossés remplis d'eau qui entouraient les murailles du château 4. le sénéchal 5. des terres.

16 **Tout en bas du système féodal, on trouvait les paysans.** Au Moyen Âge, plus de 90% de la population européenne travaillait dans les champs. Tout appartenait au seigneur : terres, animaux, nourriture et même les vêtements des paysans.

Comment être un bon chevalier

17 Il fallait environ quatorze ans d'entraînement avant de devenir chevalier. Le fils d'un noble rejoignait la maison du seigneur à l'âge de 7 ans. Il y apprenait à monter à cheval, à tirer à l'arc et à bien se comporter devant les nobles. Il devenait ensuite écuyer : il s'initiait au maniement de l'épée et s'occupait des armes et de l'armure de son maître. S'il réussissait son apprentissage, il devenait chevalier à 21 ans.

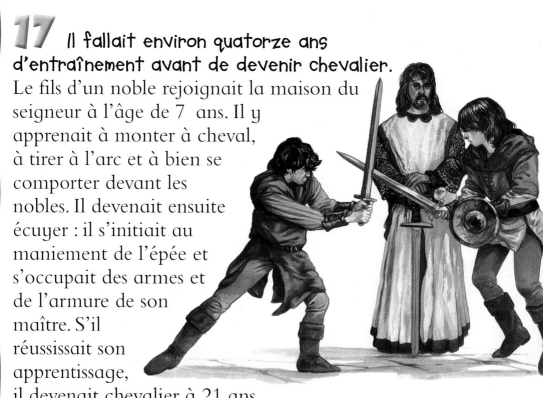

18 La cérémonie permettant de devenir chevalier était l'adoubement. Le futur chevalier devait passer la nuit précédant son adoubement à l'église. Cette nuit s'appelait la veillée d'armes. Auparavant, il devait prendre un bain froid et se vêtir d'une simple tunique blanche. Ensuite, il passait la nuit agenouillé dans l'église pour prier et confesser ses péchés.

19 La cérémonie d'adoubement a changé au fil du temps. Au début, le chevalier était frappé sur la nuque. Plus tard, l'adoubement était accompagné d'un coup d'épée sur l'épaule du chevalier.

20 Les chevaliers devaient se comporter selon un ensemble de règles, connues sous le nom de code de la chevalerie. Ce code impliquait d'être courageux et honorable sur le champ de bataille et de traiter l'ennemi avec respect et équité. Il indiquait également aux chevaliers comment se conduire envers les femmes.

21 Un chevalier qui se comportait mal était destitué et puni. Un chevalier tombait en disgrâce s'il était lâche au combat, s'il trichait dans un tournoi ou s'il se comportait mal envers un autre chevalier.

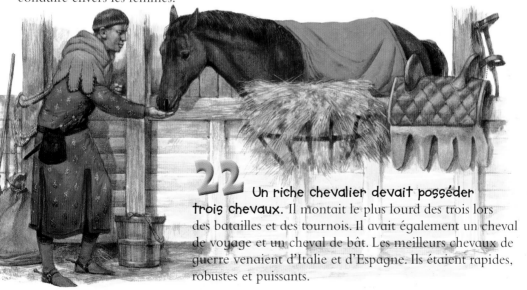

22 Un riche chevalier devait posséder trois chevaux. Il montait le plus lourd des trois lors des batailles et des tournois. Il avait également un cheval de voyage et un cheval de bât. Les meilleurs chevaux de guerre venaient d'Italie et d'Espagne. Ils étaient rapides, robustes et puissants.

Prêts pour la bataille

23 Les chevaliers portaient une tunique à manches longues en lin ou en laine, avec un manteau par-dessus. À partir du XIIIe siècle, ils commencèrent à revêtir de longs manteaux avec capuchon appelés surcots. Les chevaliers arboraient presque toujours des couleurs vives et des accessoires plus élégants encore, comme des chaussures à la pointe recourbée et des couvre-chefs décorés de bijoux brillants.

◀ Lorsqu'ils s'apprêtaient pour la bataille, les chevaliers s'habillaient de bas en haut, commençant par les pieds et finissant par coiffer le heaume, dernier élément de leur armure.

24 Les premiers chevaliers portaient une sorte d'armure appelée cotte de mailles. Cette cotte était composée de milliers de petits anneaux en fer attachés les uns aux autres. Elle ressemblait à un tricot fait de métal au lieu de laine. Les chevaliers portaient une veste rembourrée sous la cotte de mailles pour ne pas être blessés par leur propre armure.

25 Petit à petit, des armures de plus en plus solides ont vu le jour. Les chevaliers ont ajouté des plaques de métal façonnées pour s'adapter à leur corps. À partir du XVe siècle, ils portaient des armures intégrales en acier. Même les gants appelés gantelets et les chaussures étaient en métal.

26 Les deux armes principales du chevalier étaient l'épée et le bouclier appelé écu. L'épée, à double tranchant, était suffisamment affûtée pour transpercer une cotte de mailles. Les chevaliers combattaient également avec des lances, des dagues et des haches.

◀ Ces chevaliers s'affrontent lors d'une bataille. Le chevalier de droite utilise une épée et un écu. En revanche, celui de gauche utilise un fléau d'armes : c'est une boule hérissée de piques qui se balance au bout d'une chaîne.

27

Entre 1337 et 1453, l'Angleterre et la France étaient presque tout le temps en guerre : c'est ce que nous appelons la guerre de Cent Ans. Les armées anglaises ont remporté d'importantes batailles contre les Français en 1356 et à Azincourt (Pas-de-Calais) en 1415. Les archers écossais et anglais bien entraînés pouvaient, avec leurs grands arcs, décocher jusqu'à 12 flèches par minute ; ils ont aidé à stopper la chevalerie française.

28

L'arme principale des soldats à pied suisses était la hallebarde. Cette arme très dangereuse associait lance et hache de guerre. Elle était particulièrement efficace pour désarçonner un chevalier.

INCROYABLE !

Des soldats à pied devaient courir au centre du champ de bataille pour y récupérer les flèches dispersées.

Couleurs et blasons

29 **Lorsqu'un chevalier partait au combat en armure, coiffé d'un heaume à visière, personne ne pouvait le reconnaître.** Pour pallier ce problème, on décora les boucliers de chaque chevalier de symboles et de couleurs différents. Ces jeux de symboles ont été ensuite appelés blasons. Chaque famille avait son emblème propre qu'aucune autre famille n'avait le droit d'arborer.

L'héraldique, ce système d'utilisation des blasons, est devenu un ensemble complexe de signes et de symboles. Des écoles d'héraldique ont été créées pour résoudre les différends liés aux blasons.

30 **Les couleurs et types de symboles pour créer des blasons étaient limités.** Les couleurs autorisées étaient rouge, bleu, noir, vert, violet, argent et or. Les armes indiquaient également la position du chevalier au sein de sa famille. Ainsi, un fils cadet arborait un symbole en croissant et le septième fils une rose.

31

Sur le champ de bataille, chaque noble arborait sa propre bannière autour de laquelle s'unissaient ses chevaliers et soldats. Les couleurs et le blason du seigneur étaient indiqués sur la bannière. Ces bannières décorées coloraient tournois et parades.

◀ La bannière d'un noble était un symbole très important dans la bataille. Si le porteur de la bannière était tué, une autre personne devait la récupérer et la maintenir visible.

32

Des messagers, appelés hérauts, transmettaient des messages entre les chevaliers au cœur de la bataille. Ils devaient être capables de reconnaître chaque chevalier rapidement. Dès la création des blasons, les hérauts devinrent des experts pour les identifier. Le système d'utilisation des blasons s'appelle l'héraldique.

▲ Après une bataille, le héraut avait la lourde tâche de parcourir le champ de bataille et d'identifier les morts grâce à leur blason.

CRÉE TON PROPRE BLASON

Aimerais-tu avoir ton propre blason ? Tu peux le créer en suivant les règles de base de l'héraldique expliquées ici. Tu as besoin des sept couleurs mentionnées sur la page précédente, d'un pinceau, d'un feutre noir à pointe fine, d'une règle et de papier blanc épais. Bonne chance !

Des chevaliers célèbres

33 **Roland, chevalier courageux et loyal, mourut au service de son roi.** Roland était au service de Charlemagne qui régna sur une grande partie de la France et de l'Allemagne au IXᵉ siècle. Il devait protéger Charlemagne et son armée des attaquants musulmans alors qu'ils traversaient les Pyrénées pour regagner la France. Mais Roland fut trahi et mourut au combat pour son roi.

▲ Des histoires célèbres de chevaliers ont été conservées dans de vieux livres, comme celui-ci relié en cuir.

34 **Le chevalier espagnol Rodrigo Díaz de Vivar était surnommé " le Cid ".** Ce surnom vient de l'arabe et signifie « le seigneur ». Le Cid combattait les Maures venus d'Afrique du Nord. Il fut exilé par le roi Alphonse VI après que les chevaliers ennemis aient retourné le roi contre lui.

▼ Don Quichotte chargeait les moulins qu'il prenait pour des géants.

▲ Rodrigo Díaz de Vivar, " Le Cid "

35 **Le livre Don Quichotte raconte l'histoire d'un vieil homme qui rêve des anciens exploits de la chevalerie.** Il fut écrit au XVIIᵉ siècle par un Espagnol, Cervantès. Après avoir lu des livres sur les chevaliers des temps passés, Don Quichotte revêt une armure et part à cheval, en quête de célébrité. Il emmène comme écuyer un paysan du nom de Sancho Pança, qui le sortira des mauvais pas tout au long de ses voyages.

36 Lancelot était le chevalier favori du roi Arthur.

Les légendes du roi Arthur et des chevaliers de la Table ronde étaient très populaires au XIIIe siècle. Lancelot tomba amoureux de Guenièvre, la femme d'Arthur. La lutte entre les deux hommes et le scandale causé par cet amour entre Lancelot et Guenièvre amenèrent la cour d'Arthur à sa fin.

37 Édouard, fils aîné du roi Édouard III d'Angleterre, était surnommé le Prince Noir.

C'était un grand guerrier qui captura le roi français, Jean II, lors de la bataille de Poitiers en 1356.

INCROYABLE !

Pendant ses voyages, Don Quichotte prenait les troupeaux d'animaux pour des armées ennemies !

Les tours des châteaux

38 **Les châteaux en pierre étaient froids, humides et traversés par des courants d'air.** Un château n'était pas vraiment une demeure de luxe ! Le vent s'engouffrait par les fenêtres, dépourvues de vitres.

▼ Le seigneur et sa famille étaient les seules personnes qui dormaient dans des lits. Quant aux autres, ils couchaient sur des planches en bois recouvertes de paille.

Quiz

1. Quelles étaient les principales armes du chevalier ?

2. Pourquoi les chevaliers ont-ils commencé à arborer leur blason ?

3. Qui était Lancelot ?

4. Qui était le Prince Noir ?

5. Quel était le nom des toilettes dans les châteaux ?

► Presque tous les châteaux disposaient d'un puits dans leur enceinte. C'était une source d'eau indispensable en cas de siège.

► Les cuisines étaient souvent construites dans une partie séparée du château, loin du donjon, au cas où elles prendraient feu.

1. l'épée et l'écu 2. pour être reconnu sur le champ de bataille 3. le chevalier favori du roi Arthur 4. le prince Édouard, fils du roi Édouard III 5. les latrines

▼ Les châteaux ne disposaient pas de chauffage central ni d'eau courante. Des tentures et tapisseries en laine sur les murs ainsi que des tapis au sol permettaient de réchauffer les pièces. D'énormes feux brûlaient dans d'immenses cheminées.

39 **Parmi les nombreux bâtiments et ateliers se trouvant à l'abri des murs du château,** on comptait une armurerie, une forge, des étables, un chenil, un moulin à farine et une chapelle. Il y avait parfois des jardins et des vergers.

40 **Les châteaux du Moyen Âge ne disposaient pas de toilettes.** Les personnes s'asseyaient sur des sièges en bois appelés latrines. Celles-ci étaient construites au-dessus du vide. Les excréments tombaient directement dans les douves.

◀ Dans chaque château, un cachot sombre, froid, sans air et souvent étroit, servait à garder les prisonniers. Le cachot était généralement situé sous les tours du corps de garde.

Festins et divertissement

41 La grande salle était le centre de la vie du château. Le seigneur et sa famille y mangeaient et y effectuaient leurs tâches quotidiennes. Des bannières colorées et des pièces d'armures brillantes étaient accrochées aux murs de la grande salle. La pièce était parfois transformée en tribunal pour juger les malfaiteurs.

42 Des musiciens divertissaient le seigneur et ses invités lors des banquets tenus dans la grande salle. Ils jouaient d'instruments comme le pipeau, le tambour, le violon et le luth.

43 Lors des dîners, bouffons, jongleurs et acrobates exécutaient leur numéro entre les plats. Parfois un ours danseur venait divertir les invités.

PRÉPARE UNE TARTE AUX POMMES ET AUX ORANGES

Tu auras besoin de : ½ tasse de sucre roux
2 disques de pâte brisée préétalée
¼ de cuillère à café de cannelle
4 pommes
1 pincée de gingembre séché
4 oranges
jus d'½ citron
Un peu de lait
3 tasses d'eau
Un peu de sucre en poudre
1 tasse de miel

Demande à un adulte de t'aider. Étale la pâte brisée dans un plat à tarte et fais-la cuire à four moyen pendant 10 minutes. Découpe les oranges en petits morceaux. Fais bouillir l'eau, le miel et le jus de citron ; ajoute les oranges. Couvre et fais cuire à feu doux pendant 2 heures, puis égoutte le tout pour récupérer les oranges. Pèle les pommes, enlève le cœur et découpe-les en tranches. Mélange avec le sucre, la cannelle et le gingembre. Place une couche de pommes au fond du plat, puis une couche d'oranges et ainsi de suite jusqu'à ce qu'il ne reste plus de fruits.

Place un couvercle de pâte sur le dessus et badigeonne-le d'un peu de lait. Fais de petites incisions sur le couvercle. Fais cuire à four moyen pendant 45 minutes environ.

44 **Des quantités énormes de nourriture délicieuse et à l'aspect exotique étaient servies lors des banquets.** Les viandes rôties comprenaient du paon et du cygne farcis, ainsi que du gibier, du bœuf, de l'oie, du canard et du sanglier. Des poissons entiers rôtis étaient servis. Ces plats étaient suivis de mets à base d'épices venues d'Asie, de fruits et de noix.

45 **Le seigneur, sa famille et les invités importants s'asseyaient à une table haute installée sur une plate-forme appelée estrade.** De leur position surélevée, ils pouvaient voir le reste des convives. Les invités les plus importants comme les prêtres et les nobles siégeaient à côté du seigneur.

46 **Les invités de marque buvaient du bon vin dans des verres.** Les échansons versaient le vin contenu dans des pichets en poterie décorée. Les convives moins importants buvaient de la bière ou du vin dans de grandes tasses ou des chopes en bois, en étain ou en cuir.

Chansons, poèmes et amour

47 **Les ménestrels médiévaux allaient de château en château pour chanter et réciter des poèmes sur l'amour et la bravoure.** Ces chansons et poèmes décrivaient les chevaliers comme des hommes fidèles, aimants et religieux, prêts à mourir pour leur roi ou seigneur. Un véritable chevalier se battait pour la justice et l'équité de tous. En réalité, les chevaliers ne correspondaient pas toujours à cette image idéale.

◀ Les ménestrels chantaient en s'accompagnant du son doux d'une harpe ou d'un luth.

▼ Les chevaliers se devaient de réaliser des actes courageux et héroïques lors des tournois pour prouver la force de leur amour.

48 **Un style de comportement romantique appelé amour courtois était très répandu chez les chevaliers en France et en Angleterre.** C'était une sorte de faux amour qui suivait des règles très strictes. L'amour courtois signifiait qu'un chevalier devait tomber amoureux d'une dame de rang égal ou supérieur et idéalement mariée à quelqu'un d'autre. Leur amour devait rester secret.

49 Les troubadours étaient des poètes et musiciens qui composaient des chansons sur les chevaliers héroïques et l'amour idéal. Ils vivaient en France aux XIIe et XIIIe siècles. Certains troubadours, eux-mêmes d'anciens chevaliers, racontaient des histoires plutôt exagérées de leurs propres expériences d'amour et de bravoure.

▲ Richard Ier d'Angleterre, plus connu sous le nom de Richard Cœur de Lion, était un troubadour. Certaines des chansons qu'il a écrites ont été conservées à travers les siècles.

50 Un chevalier écrivait des lettres secrètes à la femme qu'il aimait. Il devait lui vouer un amour à distance sans jamais lui déclarer ses sentiments directement.

▶ Un chevalier et sa maîtresse s'écrivaient des poèmes exprimant leurs sentiments d'amour et de dévotion.

DES LETTRES ENLUMINÉES

La première lettre d'un manuscrit, appelée enluminure, était beaucoup plus grande que les autres et décorée de dessins et de motifs. Tu peux créer tes propres enluminures avec tes initiales. Dessine le contour de la lettre avec un fin crayon noir et utilise des feutres ou de la peinture pour ajouter les décorations.

▶ Un C enluminé.

29

Chevaliers et dragons

51 **La légende de saint Georges raconte comment le courageux chevalier tua un féroce dragon.** Le dragon terrorisait la ville de Lydda (en Israël actuel). Le roi promit sa fille au dragon à condition que celui-ci laissât la population tranquille. Saint Georges arriva et proclama qu'il tuerait le dragon si les citoyens de Lydda acceptaient de devenir chrétiens comme lui. Des milliers acceptèrent son offre et Georges tua le dragon.

▲ Saint Georges fut adopté comme saint patron de l'Angleterre au XIVᵉ siècle.

52 **Ivanhoé était un chevalier médiéval qui vivait au temps de Richard Cœur de Lion.** C'est le héros d'un ouvrage historique intitulé *Ivanhoé*, écrit par le romancier écossais sir Walter Scott au XIXᵉ siècle. Ce livre décrit le conflit entre les Saxons et les conquérants normands à l'époque où les Normands régnèrent sur l'Angleterre pendant au moins un siècle.

53 La légende raconte que le roi Arthur devint roi après avoir extrait l'épée magique Excalibur d'un roc. Par cet acte, il a prouvé qu'il était celui qui devait régner sur l'Angleterre. De nombreuses histoires sur le roi Arthur et ses partisans, les chevaliers de la Table ronde, ont été écrites pendant plus de mille ans.

◀ Personne ne sait exactement qui était vraiment le roi Arthur, mais il semblerait que c'était un guerrier celte qui a vécu il y a mille quatre cents ans.

55 Au XIVe siècle, un Anglais dénommé Geoffrey Chaucer écrivit les Contes de Canterbury. Ces histoires relatent le voyage d'un groupe de pèlerins depuis une auberge de Londres jusqu'à un site religieux de Canterbury. Ce groupe se composait d'un prêtre, une nonne, un marchand, un cuisinier, un laboureur et un chevalier accompagné de son écuyer.

54 Le roi Arthur possédait beaucoup de châteaux et son favori était Camelot. Les historiens pensent que Camelot était en fait un château anglais appelé Tintagel. Lorsqu'Arthur apprit que son meilleur ami et chevalier favori Lancelot était tombé amoureux de sa femme, la reine Guenièvre, il le bannit de sa cour de Camelot.

Quiz

1. Qu'est-ce qu'un ménestrel ?

2. Quel serviteur se chargeait de remplir les verres lors d'un banquet ?

3. Que faisait un troubadour ?

4. Qui étaient les chevaliers de la Table ronde ?

5. Quel est le nom du château préféré du roi Arthur ?

1. un musicien ambulant 2. l'échanson 3. il écrivait des chansons sur les chevaliers et l'amour courtois 4. les partisans du roi Arthur 5. Camelot

Entraînement au combat

56 Dans les tournois, les chevaliers constituaient deux groupes qui s'affrontaient comme dans une vraie bataille. Les tournois offraient un excellent entraînement pour la guerre. L'idée de ces simulacres de batailles a certainement vu le jour en France au XIIᵉ siècle.

▲ Édouard Iᵉʳ d'Angleterre était un grand amateur de tournois et de joutes. Il interdisait aux spectateurs de porter des armes car cela provoquait des troubles dans le public.

▼ Dans la joute, deux chevaliers s'élançaient l'un contre l'autre à pleine vitesse. Chacun devait faire tomber l'adversaire de son cheval d'un coup de longue lance en bois.

57 Les tournois étaient organisés selon des règles strictes. Certaines zones sûres permettaient aux chevaliers de se reposer sans être attaqués par l'autre camp. Les chevaliers ne devaient pas tuer leurs opposants même si cela arrivait souvent. Certains rois, furieux de perdre leurs meilleurs chevaliers lors de ces combats, finirent par interdire la plupart des tournois.

58 Les joutes furent interdites car trop de chevaliers étaient tués ou blessés lors des tournois. Plus de 60 chevaliers furent tués lors d'un tournoi à Cologne, en Allemagne. Les joutes opposaient deux chevaliers à cheval. Pour gagner, l'un des chevaliers devait désarçonner l'autre d'un coup de lance. Ils étaient protégés par une armure et les lances n'étaient pas pointues.

59 Le code de la chevalerie interdisait aux chevaliers de remporter un tournoi en trichant. Il valait mieux perdre avec honneur que de gagner dans la honte.

INCROYABLE !

Certains chevaliers trichaient lors des joutes en portant une armure spéciale fixée à la selle du cheval !

60 Parfois, une fois au sol, les chevaliers continuaient le combat à l'épée. Mais cela était tout aussi dangereux qu'un tournoi.

61 Les joutes permettaient à un chevalier de se faire valoir devant la femme qu'il aimait. Elles étaient de véritables événements sociaux auxquels assistaient les dames de la cour et la population. Les chevaliers pouvaient démontrer leur habileté et leur courage pour impressionner les spectateurs.

Ami ou ennemi ?

62 À la mort d'Édouard le Confesseur en 1066, son cousin, le duc Guillaume de Normandie, affirmait que le trône d'Angleterre lui avait été promis. Guillaume et ses chevaliers envahirent l'Angleterre et vainquirent Harold, le roi anglais, lors de la bataille de Hastings.

▲ La tapisserie de Bayeux retrace l'histoire de l'invasion norman[de] en Angleterre. Elle montre Guillaume et ses chevaliers débarquant s[ur] les côtes britanniques et représente la mort du roi Harold lors de [la] bataille de Hastings.

▲ Guillaume et ses chevaliers envahirent l'Angleterre et vainquirent Harold, le roi anglais, lors de la bataille de Hastings.

63 L'Angleterre et la France furent en guerre par intermittence entre 1337 et 1453.
La guerre de Cent Ans se déroula sous le règne de cinq rois anglais et de cinq rois français. Les deux pays se battaient pour régner sur la France. Finalement, les Français sortirent victorieux de la guerre et les Anglais perdirent le contrôle de toutes les terres qu'ils possédaient en France, sauf le port de Calais.

64 L'une des plus grandes batailles de la guerre de Cent Ans eut lieu à Crécy en 1346. Les soldats anglais mirent en déroute l'armée française, pourtant en supériorité numérique, et tuèrent presque la moitié des soldats français. Pendant cette bataille, l'armée anglaise utilisa des canons et de la poudre pour la première fois dans l'histoire semble-t-il.

65

Des armes mortelles appelées chausse-trappes étaient utilisées pendant la guerre de Cent Ans. Une chausse-trappe était une pièce métallique à quatre pointes. Ces armes étaient éparpillées sur le sol devant l'armée ennemie. Elles arrêtaient les chevaux et les soldats à pied dans leur course.

66

Une jeune fille française appelée Jeanne d'Arc mena l'armée française contre les Anglais qui encerclaient la cité d'Orléans. Les Anglais furent vaincus en 10 jours. Capturée plus tard, Jeanne fut accusée de sorcellerie et brûlée vive.

INCROYABLE !

Lorsqu'un chevalier était capturé vivant lors d'une bataille, une rançon était demandée à sa famille en échange de sa libération !

Sous les coups de l'ennemi

67 **L'ennemi devait franchir toutes les défenses du château avant de pouvoir y pénétrer.** Une des méthodes consistait à démolir les portes du château à l'aide de béliers immenses. Attaquants et défenseurs utilisaient des engins de siège pour propulser des rochers sur leurs adversaires.

68 **Lorsque l'ennemi encerclait un château et coupait les vivres à ses habitants, on dit qu'il en faisait le siège.** L'objectif était d'affamer les occupants du château pour qu'ils se rendent ou qu'ils meurent.

69 **Les assaillants tentaient parfois d'escalader les murs, mais c'était plus risqué.** Ils utilisaient des échelles ou déplaçaient des tours en bois remplies de soldats pour les positionner près des murailles.

70

Des catapultes géantes permettaient de lancer des pierres et des morceaux de bois enflammés à l'intérieur du château. Les Romains furent les premiers à utiliser des catapultes sur le champ de bataille.

▶ Les attaquants creusaient également un tunnel sous un mur ou une tour. Ensuite, ils allumaient un feu pour brûler les supports du tunnel, qui s'effondrait et entraînait le bâtiment situé au-dessus.

▲ Cet engin de siège est un trébuchet. Il était composé d'un long bras comportant une lourde charge à une extrémité et une fronde à l'autre extrémité. On plaçait une grosse pierre dans la fronde. Lorsque la charge retombait, la pierre était propulsée vers les murs du château, sur une distance d'environ 300 m.

71

L'ennemi parvenait parfois à creuser des tunnels sous le château. Les envahisseurs surprenaient alors les défenseurs lorsqu'ils entraient dans le château.

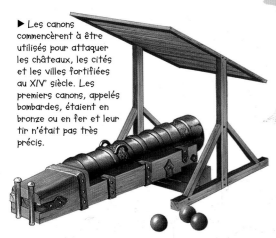

▶ Les canons commencèrent à être utilisés pour attaquer les châteaux, les cités et les villes fortifiées au XIVe siècle. Les premiers canons, appelés bombardes, étaient en bronze ou en fer et leur tir n'était pas très précis.

INCROYABLE !

Les cordes utilisées pour tendre les catapultes étaient faites à partir de cheveux humains tressés !

72

L'invention des canons et de la poudre à canon a annoncé la fin des forteresses et des chevaliers. Les murs des châteaux ne pouvaient pas résister à la puissance des boulets de canon. Lorsque les pistolets et canons firent leur entrée sur les champs de bataille, les armées n'eurent plus besoin des services des courageux chevaliers revêtus de leur armure.

La défense du château

73 Lorsque l'ennemi était en vue, les occupants du château remontaient le pont-levis. Ils abaissaient également une grille en fer, appelée herse, pour former une barrière supplémentaire derrière le pont-levis.

74 Les archers du château lançaient leurs flèches par de petites ouvertures dans les murs épais. Ils tiraient également par les embrasures des créneaux.

◄ Le maniement des arbalètes était bien plus complexe que celui des arcs.

► Avec des arcs, les soldats pouvaient atteindre les ennemis, même sur une longue distance.

75 Au milieu de la nuit, quelques occupants du château pouvaient tenter une sortie pour surprendre les assiégeants. Ils empruntaient des passages secrets et ressortaient par des portes ou des sorties cachées.

76 Les défenseurs versaient de l'eau bouillante sur les ennemis qui tentaient d'escalader les murailles. Ils leur jetaient également de la chaux vive qui leur brûlait la peau.

▶ De l'eau bouillante était versée sur les ennemis par les embrasures des créneaux.

Quiz

1. Quel était le nom des simulacres de batailles entre des groupes de chevaliers ?

2. Quelle arme les chevaliers utilisaient-ils dans les joutes à cheval ?

3. Quels sont les pays qui s'affrontèrent pendant une guerre de près de cent ans ?

4. En quelle année eut lieu la bataille d'Azincourt ?

5. Quel engin utilisaient les attaquants pour détruire les murs et les portes du château ?

4. en 1415, un bélier
3. l'Angleterre et la France
2. la lance
1. les tournois

77 De grosses pierres et autres projectiles étaient lancés depuis les créneaux sur les ennemis. Dissimulés derrière les merlons des créneaux, les défenseurs se tenaient sur des plate-formes en bois pour lancer leurs projectiles.

En route pour les croisades

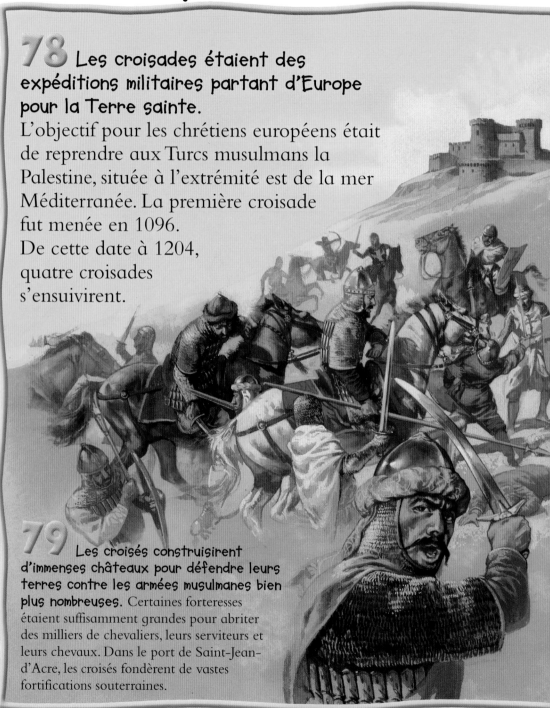

78 Les croisades étaient des expéditions militaires partant d'Europe pour la Terre sainte.
L'objectif pour les chrétiens européens était de reprendre aux Turcs musulmans la Palestine, située à l'extrémité est de la mer Méditerranée. La première croisade fut menée en 1096. De cette date à 1204, quatre croisades s'ensuivirent.

79 Les croisés construisirent d'immenses châteaux pour défendre leurs terres contre les armées musulmanes bien plus nombreuses. Certaines forteresses étaient suffisamment grandes pour abriter des milliers de chevaliers, leurs serviteurs et leurs chevaux. Dans le port de Saint-Jean-d'Acre, les croisés fondèrent de vastes fortifications souterraines.

80 En 1212, des milliers de jeunes filles et garçons partirent pour la Terre sainte pour l'une des plus étranges croisades : la Croisade des enfants. Beaucoup moururent de faim ou de froid dans leur marche vers les ports de la Méditerranée. D'autres périrent noyés lors de la traversée en mer ou furent vendus comme esclaves en chemin.

81 Le chef musulman Saladin affronta les chevaliers de la troisième croisade. Saladin avait déjà vaincu les armées chrétiennes et encerclait la ville de Jérusalem. Ainsi la troisième croisade, menée par l'empereur Frédéric Ier d'Allemagne et par les rois Richard Cœur de Lion d'Angleterre et Philippe II de France, avait pour objectif la reconquête de Jérusalem. Mais elle échoua.

INCROYABLE !

Un chevalier croisé devait, semble-t-il, partager sa tente avec son cheval favori. Ils devaient être un peu serrés !

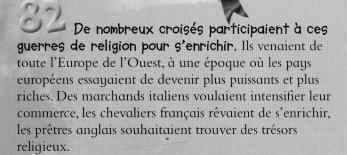

82 De nombreux croisés participaient à ces guerres de religion pour s'enrichir. Ils venaient de toute l'Europe de l'Ouest, à une époque où les pays européens essayaient de devenir plus puissants et plus riches. Des marchands italiens voulaient intensifier leur commerce, les chevaliers français rêvaient de s'enrichir, les prêtres anglais souhaitaient trouver des trésors religieux.

Jarretière et éléphant

83 Un groupe de chevaliers chrétiens vivant en Terre sainte se chargeaient de protéger les pèlerins se rendant ou revenant de Palestine : il s'agissait des chevaliers du Temple ou Templiers. Leurs quartiers généraux étaient situés dans la mosquée Al-Aqsa à Jérusalem. Ils devinrent très riches pendant leur séjour en Terre sainte mais leur organisation fut finalement démantelée.

84 Les chevaliers de Saint-Jean soignaient et protégeaient les pèlerins présents en Terre sainte. Ils vivaient comme des moines dans le respect de règles strictes, tout en fournissant des soldats pour combattre les musulmans.

85 Les chevaliers du Moyen Âge commencèrent à se regrouper pour former des ordres. Chaque ordre avait son propre insigne représentant le symbole choisi par l'ordre. De nouveaux ordres apparurent dans de nombreux pays en Europe et c'était un honneur d'en faire partie. L'ordre de la Toison d'or par exemple fut créé en France par Philippe le Bon.

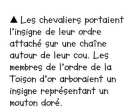

▶ Les chevaliers de Saint-Jean étaient des moines qui soignaient les malades avant de devenir des chevaliers religieux. Ils sont également connus sous le nom d'hospitaliers.

▲ Les chevaliers portaient l'insigne de leur ordre attaché sur une chaîne autour de leur cou. Les membres de l'ordre de la Toison d'or arboraient un insigne représentant un mouton doré.

86 L'ordre du Bain fut fondé en Angleterre au début du XIVe siècle. Ses membres juraient fidélité à leur roi ou reine et promettaient de combattre leur ennemi.

87 L'ordre de la Jarretière est le plus vieux et le plus important de Grande-Bretagne. Selon l'histoire, Édouard III dansait avec une comtesse lorsque celle-ci perdit sa jarretière. Alors que le roi la lui rendait, il entendit les personnes autour de lui rire et plaisanter sur l'événement. Furieux, le roi, pour couper court aux mauvaises remarques, s'écria « Honni soit qui mal y pense ». Ainsi naquit la devise de l'ordre.

▼ L'emblème de l'ordre de la Jarretière est une jarretière bleu foncé brodée d'or. Les chevaliers appartenant à cet ordre la portent à la jambe gauche dans les cérémonies importantes.

Quiz

1. Quel guerrier musulman s'opposa aux chevaliers de la troisième croisade ?

2. Sous quel autre nom était connu Richard Ier d'Angleterre ?

3. Dans quelle ville cohabitent musulmans et chrétiens ?

4. Que portent les chevaliers de l'ordre de la Toison d'or autour du cou ?

1. Saladin
2. Richard Cœur de Lion
3. Jérusalem 4. un mouton doré

88 Au Danemark, la création de l'ordre de l'Éléphant remonte à plus de cinq cents ans. Ses membres portent un insigne représentant un éléphant la trompe relevée.

Les guerriers de l'Est

89 Les chevaliers japonais du Moyen Âge étaient les samouraïs. Au Japon aussi, la population était divisée en groupes féodaux, chacun servant un groupe plus haut placé. Les samouraïs, comme les chevaliers européens, servaient un seigneur. Ils combattaient généralement à cheval, mais plus tard ils commencèrent à se battre à pied.

▼ Les Turcs seljoukides tiraient leur nom de leur premier chef Seldjouk.

90 Le samouraï était armé d'une longue épée courbée, qui était son bien le plus précieux. Il était revêtu d'une armure qui lui couvrait corps, bras et jambes, et d'un casque souvent surmonté d'une crête faite d'une paire de cornes.

91 Les farouches Turcs seljoukides affrontaient les chevaliers chrétiens pendant les croisades. Ils sillonnèrent l'Asie du Sud-Ouest aux Xe et XIe siècles. Ils conquirent de nombreuses terres y compris la Syrie, la Palestine, l'Asie Mineure (actuelle Turquie) et la Perse (actuel Iran).

92

Venant de l'Est, les terribles guerriers mongols terrifiaient l'ennemi. Ces cavaliers hors pair dirigeaient leurs chevaux avec les pieds en se maintenant debout sur les étriers. Ainsi, ils gardaient les mains libres pour tirer à l'arc.

▼ Chaque guerrier mongol possédait cinq chevaux prêts pour le combat. Excellents archers, les Mongols étaient également parfaitement entraînés au maniement de la lance.

93

Gengis Khan était le plus grand des chefs mongols.
Il devint chef de sa tribu à l'âge de 13 ans. Il unit toutes les tribus mongoles et partit à la conquête du nord de la Chine, de la Corée, du nord de l'Inde, de l'Afghanistan, de la Perse et de régions de Russie.

INCROYABLE !

Les Turcs se battaient avec des pièces en or dans la bouche pour empêcher les croisés de les leur voler. Lorsqu'un guerrier turc était sur le point de mourir, il avalait les pièces.

Des châteaux célèbres

94 De nombreux châteaux sont, paraît-il, hantés par les fantômes des personnes mortes dans leurs murs. Nombre de ces fantômes étaient des rois et des reines tombés sous l'épée ennemie. Édouard II d'Angleterre fut tué dans sa cellule au château de Berkeley dans le sud-ouest de l'Angleterre. Richard II mourut au château de Pontefract dans le Yorkshire.

▲ Les visiteurs du château de Berkeley disent que, la nuit, on entend les cris du roi Édouard II assassiné.

▲ Le château de Windsor

95 Les rois et reines anglais vivaient au château de Windsor depuis le début de sa construction par Guillaume le Conquérant il y plus de neuf cents ans. Le château original de Guillaume était un fort en bois, dressé sur une motte, avec des ouvrages de terre érigés tout autour de la basse-cour. Les premiers bâtiments en pierre furent ajoutés au XIIe siècle.

96 Le château de Glamis en Écosse sert de décor à la pièce Macbeth de William Shakespeare. Dans cette pièce, l'ambitieux Macbeth trame un complot avec sa femme pour tuer le roi écossais Duncan et s'emparer du trône. Dans la réalité, Macbeth vainquit et tua Duncan en 1040.

▼ Le château de Glamis

▲ Le château de Bodiam

97 Situé dans le sud de l'Angleterre, le château de Bodiam et ses douves furent construits au XIVe siècle pour se protéger des armées françaises. Un chevalier anglais, sir Edward Dalyngrigge, pensait que les Français étaient sur le point d'envahir ses terres. Son château disposait d'un mur rideau entrecoupé de tours rondes.

▼ Le Krak des Chevaliers tel que nous le connaissons aujourd'hui n'a quasiment pas changé depuis les XIVe et XVe siècles. Ce château fantastique était la demeure des chevaliers hospitaliers.

INCROYABLE !

En 1271, les hospitaliers du Krak des Chevaliers se rendirent au sultan égyptien Baybars. Celui-ci avait contrefait une lettre du chef des chevaliers leur indiquant de se rendre !

98
Situé en Syrie, le Krak des Chevaliers, immense château croisé, est perché sur une colline rocheuse offrant une excellente vue sur les alentours. Un fossé entre l'impressionnant mur extérieur, orné de 13 tours, et le mur intérieur était rempli d'eau provenant d'un aqueduc proche. L'eau des douves servait également pour les bains et pour abreuver les chevaux des chevaliers.

99
La cité de Carcassonne dans le sud-ouest de la France est une immense forteresse. L'ancienne ville est entièrement entourée par de hautes murailles et des tours construites au Moyen Âge.

100
Le château de Neuschwanstein fut construit bien après le Moyen Âge. Les travaux commencèrent en 1869. Ce château de contes de fée était un rêve du roi « fou » Louis de Bavière. Le gouvernement de Bavière destitua le roi car ses plans ambitieux de construction de château coûtaient bien trop cher.

◄ Aujourd'hui, le château de Neuschwanstein est l'un des sites les plus touristiques en Allemagne. Il servit de modèle pour le château du Royaume magique du parc d'attractions Walt Disney en Californie, aux États-Unis.

Index